DEBUT D'UNE SERIE DE DOCUMENTS EN COULEUR

ACADÉMIE DE MACON.

DISCOURS

PRONONCÉ

Par M. de **PARSEVAL - GRANDMAISON**,

Membre de l'Académie de Mâcon, ancien président,

ET

PIÈCE DE VERS

Lue par M. le Dr **BOUCHARD**,

Membre de la même Académie, ancien président,

A L'INAUGURATION

DU BUSTE DE RACLET,

A Romanèche, le 2 Octobre 1864.

MACON,
IMPRIMERIE D'ÉMILE PROTAT.

1864.

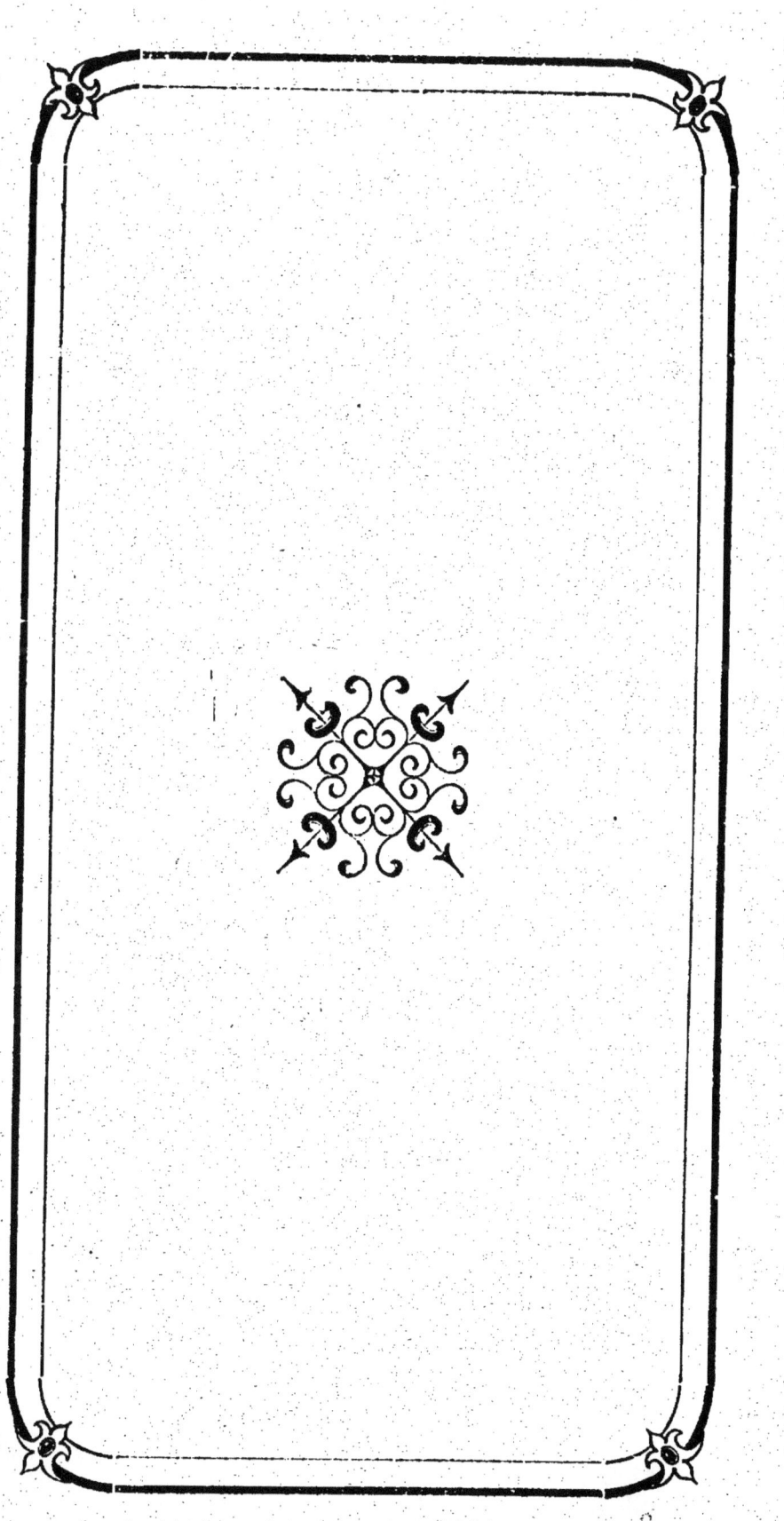

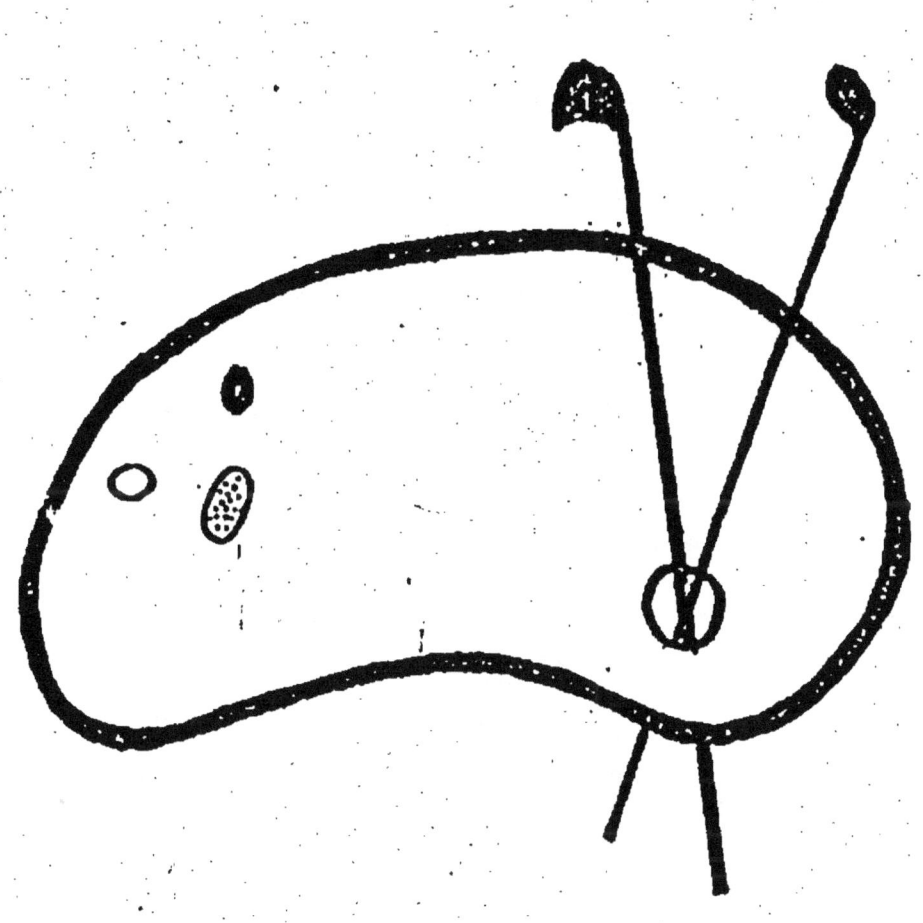

FIN D'UNE SERIE DE DOCUMENTS EN COULEUR

ACADÉMIE DE MACON.

INAUGURATION DU BUSTE DE RACLET

A Romanèche, le 2 Octobre 1864.

DISCOURS

PRONONCÉ

Par M. de PARSEVAL-GRANDMAISON,

Membre de l'Académie de Mâcon, ancien Président.

MESSIEURS,

Chargé de prendre la parole devant vous au nom de l'Académie de Mâcon, je ne saurais rien ajouter, sur l'œuvre de Raclet, le destructeur de la pyrale, à l'éloge si brillant et si complet de ce bienfaiteur de nos contrées qui vient d'être improvisé avec l'éloquence du cœur et de l'esprit par mon honorable confrère M. Rolland. Il n'a rien oublié, et je dois le remercier de la mention qu'il a faite de notre Académie et de la commission chargée par elle de surveiller l'application du procédé de destruction de la pyrale par l'eau bouillante, et de recueillir tous les éléments de l'expérience qui devait être faite et qui eut lieu en effet à Romanèche.

Mais son discours ne comportait pas quelques détails qu'il m'appartient de vous donner sur cette commission; je rappellerai d'abord les noms de ses membres. Elle était composée de M. Mottin, président, aujourd'hui membre correspondant de l'Académie; de M. Lacroix, son trésorier actuel, le seul qui assiste aujourd'hui à votre solennité, et de MM. Batilliat, Carteron et Laval, rapporteur, que la mort nous a tous les trois enlevés.

Quatre membres avaient été, en dehors de l'Académie, adjoints à la commission, savoir : M. Carrand; propriétaire; M. Delahante, ancien receveur général de Saône-et-Loire ; M. Foillard, qui est en ce moment à mes côtés, et M. Raclet.

La commission se transporta deux fois sur les lieux, les 16 mars et 13 juin 1842 ; et, dans un examen qu'elle fit, le 21 novembre suivant, des divers appareils proposés pour l'arrosage de la vigne par l'eau bouillante, elle donna la préférence à l'appareil inventé par le sieur Chachuat, poêlier-fumiste à Mâcon.

Pour compléter la liste des hommes dont le nom se rattache à l'œuvre de Raclet, je rappellerai que le sieur Desroches, serrurier aux Thorins, perfectionna l'appareil portatif de Chachuat, et reçut pour ce perfectionnement une médaille d'argent à l'une des expositions publiques qui eurent lieu, vers cette époque, à Paris.

Justice ainsi rendue à chacun, je voudrais, Messieurs, vous faire part de quelques pensées qui me sont inspirées par la mémoire de Raclet et par la présence d'une foule de concitoyens, dont les intérêts sont essentiellement viticoles.

Raclet nous a donné deux grands exemples sur lesquels j'appelle l'attention de tous les hommes intelligents de notre Mâconnais, de tous les propriétaires désireux de voir la viticulture progresser et prospérer parmi nous.

Il nous a montré tout ce que peut l'initiative individuelle recommandée depuis lors par l'Empereur, et tout ce que peut cette initiative quand elle s'appuie sur l'esprit d'observation et sur les recherches expérimentales.

C'est en observant les habitudes et les mœurs de la pyrale qu'il a reconnu que les jeunes chenilles, écloses dès l'automne, s'introduisaient dans les fissures du bois pour y chercher un abri pendant l'hiver.

C'est en méditant sur le moyen de les atteindre dans leur asile et en expérimentant le procédé propre à les y détruire, qu'il a été conduit à l'emploi de l'eau bouillante, et à la méthode pratique de la distribution de l'eau sur les tiges et de la destruction du fléau.

Grand exemple, Messieurs, de ce que peut l'initiative d'un seul homme! Exemple à suivre afin d'améliorer parmi nous la culture de la vigne et la vinification, et d'augmenter dans une proportion considérable la quantité et la qualité de ses produits.

Le moment est venu pour chacun de nous d'entrer dans cette voie.

Pendant longtemps nous avons tous cru que les méthodes léguées par nos pères ne laissaient rien à désirer. L'Administration supérieure le croyait comme nous; du moins, dans les concours régionaux, il n'y en avait aucun spécialement ouvert à la vigne; dans les concours universels, on ne décernait de récompenses qu'aux vins, produits de la vigne, sans s'inquiéter des moyens de production; et, dans nos concours agricoles locaux, comme dans les autres, les encouragements s'accordaient presque exclusivement à l'élève des bestiaux, à la culture des céréales et aux machines.

Mais deux hommes faisaient alors des études scientifiques et expérimentales sur les diverses opérations qui constituent la culture de la vigne. M. Trouillet et M. le docteur Jules Guyot se livraient, chacun de leur côté, à l'examen et à l'expérimentation des meilleurs procédés de plantation, de taille et de pincement.

Grâce à l'initiative de plusieurs propriétaires et au concours de la Société de viticulture, nous avons entendu, l'automne et le printemps derniers, M. Trouillet développer sa méthode et ses principes sur ces diverses et graves questions.

Grâce à M. le Ministre de l'agriculture, nous avons entendu récemment M. le docteur Jules Guyot, chargé d'une mission officielle, nous indiquer, dans une intéressante leçon, les résultats de sa tournée dans notre vignoble et les réformes à opérer dans nos procédés viticoles.

Les deux savants professeurs sont d'accord sur un grand nombre de points; ils ne diffèrent d'avis que sur deux ou trois. Permettez-moi quelques indications sur ce sujet.

Ainsi, tous deux condamnent la plantation par coudaison et reconnaissent qu'ils ne faut pas planter profond. Mais l'un recommande les chapons en crossette, c'est-à-dire accompagnés d'un talon de vieux bois; l'autre préfère les chapons sans crossette.

Tous deux recommandent de former par la taille la tête du cep, dès le début, et sont d'accord sur la nécessité d'ébourgeonner la vigne avec soin.

Tous deux recommandent le pincement de la vigne; mais l'un le recommande d'une manière absolue, c'est-à-dire appliqué à tous les bourgeons ; l'autre considère que ce pincement absolu nuit à la vigne, et il ne l'applique pas aux bourgeons inférieurs de chaque paraison qu'il laisse monter librement le long de l'échalas en tire-séve.

Or, les réformes sur lesquelles les deux professeurs sont d'accord peuvent être considérées comme nécessaires ; leur nécessité est démontrée scientifiquement et confirmée par une expérience pratique de plus de dix années. On peut donc les adopter immédiatement; on doit du moins en multiplier les expériences dans notre vignoble.

Il serait nécessaire aussi de tenter des expériences sur les réformes proposées, dans des voies différentes, par des maîtres tels que M. le docteur Jules Guyot et M. Trouillet.

En définitive, les questions sont posées devant vous, Messieurs; elles ont une importance capitale ; c'est à vous qu'il appartient aujourd'hui de les étudier et de les résoudre par la pratique. Tout vous y convie, vos plus chers intérêts de propriétaires et l'honneur du vignoble mâconnais.

Mais ici les questions sont plus nombreuses et plus complexes que lorsqu'il s'agissait de la destruction de la pyrale, et l'initiative individuelle a bien d'autres efforts à tenter. J'ajouterai qu'il ne s'agit pas seulement d'études et d'expériences à faire; il s'agit aussi des préjugés et d'une longue routine à détruire parmi nos vignerons.

Et ce n'est pas seulement dans un ou deux cantons voisins de la ville qu'il faut que les propriétaires, devenus plus instruits par le contact d'un centre d'études et de discussions, exercent leur action autour d'eux et sur leurs vignerons; c'est dans tout notre arrondissement qu'il leur faut étudier, expérimenter et faire une active et patiente propagande. Cette pensée sera bien venue ici, car je l'ai entendu exprimer par notre excellent confrère M. Desvignes, qui a l'honneur de représenter au Conseil général le canton de La Chapelle-de-Guinchay.

Vous n'attendez pas de moi, Messieurs, que j'examine ici les moyens les plus propres à atteindre ce but. Si j'ai pris la parole pour rappeler, au nom de l'Académie de Mâcon, le concours prêté par elle à l'œuvre de Raclet et à l'œuvre de la commission qui s'était formée pour honorer sa mémoire, c'est en mon propre et privé nom que j'ai cru pouvoir vous exposer quelques vues sur vos plus chers intérêts; il ne serait pas opportun de leur donner plus de développement.

Qu'il me soit permis toutefois de rappeler les efforts tentés depuis cinq ans par l'Académie de Mâcon et spécialement par son secrétaire perpétuel, mon honorable ami M. Ch. Pellorce, et par moi, pour étendre l'action de notre Société savante et agricole sur tous les points de notre arrondissement, sur toutes les branches de notre agriculture. L'Académie se proposait aussi d'ouvrir de nouveaux concours à la viticulture, et j'ai annoncé publiquement son intention à cet égard dès l'année 1862.

Le temps a marché depuis lors. Mais sans doute l'Académie ne s'arrêtera pas dans cette voie, et j'ai dû saisir l'occasion qui s'est présentée aujourd'hui de fortifier ses vues d'initiative par l'exemple de Raclet.

D'autres exemples d'initiative individuelle et collective nous sont donnés dans des régions plus élevées. Le conseil général vient de voter, sur les fonds seuls du département et sans subvention aucune de l'État, la construction de deux chemins de fer dont la nécessité était depuis longtemps reconnue; et cette initiative hardie lui a été inspirée par notre Préfet, M. de La Guéronnière, dont les études avaient préparé les éléments de discussion et dont l'éloquence a su triompher de toutes les résistances.

C'est une œuvre moins brillante peut-être que vous avez tous, Messieurs, à attaquer en régénérant la culture de la vigne dans le Mâconnais; mais c'est une œuvre non moins utile et qui doit concorder avec l'autre.

Puissent la mémoire et l'exemple de Raclet nous donner à tous la force nécessaire pour l'accomplir! Puissions-nous, lorsque la vapeur sifflera sur les rails de Cercy-la-Tour à Mâcon, voir nos vignes régénérées livrer au nouveau chemin de fer une abondance d'année en année plus grande de leurs beaux et riches produits!

PIÈCE DE VERS

Lue par M. le Dr BOUCHARD,

Membre de la même Académie, ancien Président.

A LA MÉMOIRE DE RACLET.

I.

Raclet, reçois ici notre pieux hommage,
Autour du monument à l'humble piédestal,
Où le bronze immortel reproduit ton image
Qui se dresse à nos yeux sur le coteau natal.
Le touchant souvenir de tes vertus modestes,
Sous la main du trépas ne s'est point affaibli,
Et le pâle suaire étendu sur tes restes
Ne sera pas pour toi le linceul de l'oubli.

II.

L'oubli !... fils de l'ingratitude,
Qui sur un grabat d'hôpital
Vous cloue, et de la solitude
Elargit le cercle fatal,
Gorgeant de son amer breuvage
Salomon de Caus et Sauvage,
Camoëns, Cervante et Colomb ;
Et de peur que le mort revive,
Recouvrant d'un lit de chaux vive
Son cercueil qui n'est pas de plomb.

Mais l'oubli ne saurait atteindre
Un nom que nous devons bénir,
Un nom qui ne doit pas s'éteindre
Dans les brumes de l'avenir.
De nos respects quel nom plus digne !...
Vers celui qui sauva la vigne,
Elevons nos cœurs et nos chants !
Vous, qui peuplez cet auditoire,
Ecoutez !... En voici l'histoire,
Simple comme la fleur des champs :

III.

Le touriste, oiseau de passage,
Au pied des coteaux arrêté
Pour admirer le paysage
Sous les splendeurs d'un ciel d'été,
Au lieu de la colline verte,
Du pampre aux noirs raisins couverte,
Voyait sous son morne coup d'œil,
Comme aux derniers jours de l'automne,
Pendre au cep une feuille jaune,
Emblème de mort et de deuil!

L'ouragan a-t-il sous vingt grêles
Broyé ce malheureux pays?
Par la trombe des sauterelles
A-t-il vu ses champs envahis?
Semblable à ces cités maudites,
Quand des calamités prédites
Se creusait le gouffre béant,
Qui, raillant la voix des Prophètes,
Passaient du fol éclat des fêtes
Au froid silence du néant.

C'est la *pyrale*, hydre vivace,
Qui d'abord, invisible ver,
Sous l'écorce qui se crevasse,
Se cache, à l'abri de l'hiver.
Vorace comme le termite,
Dans son travail sourd, il imite
L'araignée aux traîtres fuseaux,
Qui, pour mieux savourer sa proie,
Comme dans un filet de soie,
L'enveloppe de ses réseaux.

Alors le vampire commence:
Effroi du peuple des hameaux,
Ainsi qu'une marée immense,
Il monte du tronc aux rameaux;
Eclos de son nid de ténèbres,
Papillon aux ailes funèbres,
Il poursuit son œuvre de mort,
Dévorant tout, fruits et feuillage,
Comme ces vautours du pillage
Que sur nous déchaîne le Nord.

Qui donc domptera les phalènes,
Monstre acharné sur le raisin,
Comme Martel, qui, de nos plaines,
Rejeta le flot Sarrasin ?
Quel Raphaël ou quel saint George
Posera son pied sur ta gorge,
Hideux messager du démon,
Semant le chaos dans l'espace,
Comme ce vent de feu qui passe
A travers les sables d'Ammon ?

Enfant à la raison débile,
Le vigneron découragé
Pleurait, impuissant, immobile,
Devant son espoir naufragé.
Il contemplait d'un regard sombre
Ses tonneaux, qui, jeûnant dans l'ombre,
Sonnaient creux au fond des celliers,
Et, fou de douleur rugissante,
Accusait la lune innocente
Des crimes de la Brinvilliers.

Mais sur la côte désolée,
A ses yeux de stupeur saisis,
Sourit une vigne isolée,
Ainsi qu'au désert l'oasis.
Quelle fée au charmant mystère
A protégé ce coin de terre,
Domaine étroit comme la main,
Se détachant dans l'étendue
Comme une émeraude perdue
Sur la poussière d'un chemin.

C'est que des cieux le Maître auguste
Pour confident choisit souvent
Un obscur mortel, esprit juste,
Qu'il préfère à l'esprit savant.
Quand l'esprit faux des théories,
Élucubrant ses rêveries,
En longs essais s'épuise en vain,
Un ange, entr'ouvrant le saint livre,
Vole à l'esprit juste et lui livre
Un rayon de l'esprit divin.

Sur sa vigne trop longtemps veuve
Et sans fruits, triste Niobé,
A chaque heure il tente une épreuve,
L'œil pensif et le front courbé.
Enfin un jour, comme Archimède,
Il dit : J'ai trouvé le remède
Au fléau parmi nous vomi :
L'eau que la flamme rend brûlante,
Sans donner la mort à la plante,
Peut la verser à l'ennemi.

Dans sa simplicité pratique,
Le voilà, ce naïf secret,
Que niait la tourbe sceptique,
Que la vérité consacrait.
Et l'homme des champs qui s'obstine,
Esclave aux fers de la routine,
Et dit : Non ! quand le fait dit : Oui !
Dans sa cécité coutumière,
N'ouvrit les yeux à la lumière
Que lorsqu'il en fut ébloui.

Oubliant sa pauvreté nue,
Raclet sur tous a répandu
Le verbe (1) à formule inconnue
Qu'un autre à prix d'or eût vendu ;
Et, paria de la fortune,
Jamais d'une voix importune,
Fatiguant l'égoïsme humain,
Il ne quêta dans sa misère
L'obole du vieux Bélisaire,
Obole si lourde à la main.

Voilà la gloire impérissable
Qui rend du temps un nom vainqueur,
Nom qu'on n'écrit pas sur le sable,
Mais nom qu'éternise le cœur !
Plus durable en ce sanctuaire
Que le marbre du statuaire
Ou que le granit du tombeau ;
Gloire plus belle et plus vivante
Que celle dont nous épouvante
La victoire au sanglant flambeau !

---

(1) Echauder.

Quand au noble sexagénaire
Le ciel promettait de longs jours,
Le vieillard, frappé du tonnerre,
Chancelle, perclus pour toujours.
Oui, mais la colline était verte,
De pampres et de raisins couverte,
Et le mandat de Dieu rempli.
Il meurt; il descend dans la tombe,
Comme un soldat vainqueur qui tombe,
Dans son triomphe enseveli.

IV.

Et tous le désignaient pour cette récompense
Que la main du Pouvoir autour de lui dispense :
À peine on l'étoilait du signe officiel,
Qu'il vit avec la mort sur le seuil apparaître
Le symbole divin qui brille aux mains du prêtre,
    La croix du Christ qui règne au ciel.

V.

Que ce marbre, sacré par la reconnaissance,
D'un bienfait sur nos cœurs atteste la puissance,
De ce legs dont chacun est l'heureux héritier.
Sur sa couche de mort, pauvre et paralytique,
Il a pu murmurer, comme le sage antique :
    Je ne mourrai pas tout entier.

VI.

Raclet, reçois ici notre pieux hommage,
Autour du monument à l'humble piédestal,
Où le bronze immortel reproduit ton image
Qui se dresse à nos yeux sur le coteau natal.
Le touchant souvenir de tes vertus modestes,
Sous la main du trépas ne s'est point affaibli,
Et le pâle suaire étendu sur tes restes
Ne sera pas pour toi le linceul de l'oubli.

CE DOCUMENT A ETE TROUVE DANS LE VOLUM

~~HONORÉ~~ M. Jacquet
Inventaire Général

Date : 30 Mai 1949

Nom du demandeur : Jacquet

Cote de l'ouvrage : In 12 pièce

LK7-11354

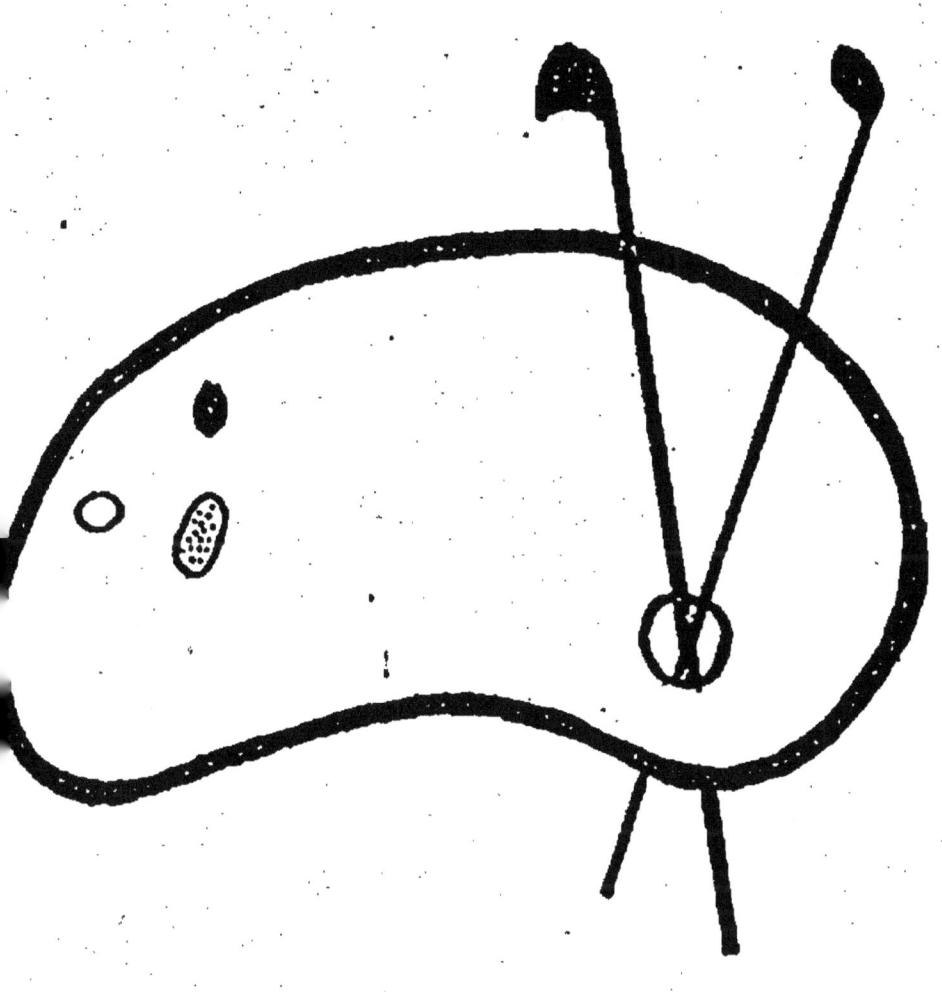

ORIGINAL EN COULEUR
NF Z 43-120-8

www.ingramcontent.com/pod-product-compliance
Lightning Source LLC
Chambersburg PA
CBHW061522040426
42450CB00008B/1753